ÉMILE LONGIN

DOCUMENTS INÉDITS

SUR

LE SIÈGE DE DOLE

(1636)

BESANÇON

IMPRIMERIE ET LITHOGRAPHIE DE PAUL JACQUIN

1898

ÉMILE LONGIN

DOCUMENTS INÉDITS

SUR

LE SIÈGE DE DOLE

(1636)

BESANÇON

IMPRIMERIE ET LITHOGRAPHIE DE PAUL JACQUIN

1898

DOCUMENTS INÉDITS

SUR

LE SIÈGE DE DOLE

(1636)

Après tout ce qu'on a écrit sur le siège de Dole par le père du grand Condé (1), il semble qu'il n'y a plus rien à dire sur cette page de nos annales, et nombreuses sont pourtant les sources d'information ouvertes à l'érudit désireux de compléter les récits des contemporains (2). Sans parler des dépêches conservées au château de Chantilly (3), les archives du ministère des affaires étrangères renferment quantité de lettres relatives aux opérations du siège. Boyvin (4) n'a

(1) Henri II de Bourbon, prince de Condé, premier prince du sang et premier pair de France, lieutenant général des armées du roi et gouverneur de Berry, de Bourgogne et de Bresse, fils de Louis Ier de Bourbon, prince de Condé, et de Charlotte de la Trémouille.

(2) *Déclaration des commis au gouvernement de la Franche-Comté de Bourgongne sur l'entrée hostile de l'armée françoise audict pays* (Dole, 1637, in-4); Boyvin, *Le siège de la ville de Dole, capitale de la Franche-Comté de Bourgongne, et son heureuse délivrance* (Dole, 1637, et Anvers, 1638, in-4); Petrey-Champvans, *Lettre de Louis Petrey, sieur de Champvans, à Jean-Baptiste Petrey, sieur de Chemin, son fils, contenant une bonne partie de ce qui s'est fait en campagne au comté de Bourgongne, pendant et après le siège de Dole* (Dole, 1637, in-4); Girardot de Nozeroy, *La Franche-Comté protégée de la main de Dieu contre les efforts des François en l'an 1636* (Dole, 1636, in-4); Id., *Histoire de dix ans de la Franche-Comté de Bourgongne* (Besançon, 1843, in-8).

(3) Ces dépêches m'ont été fort utiles pour la rédaction de mes *Éphémérides du siège de Dole* (Dole, 1896, in-16).

(4) Jean Boyvin, conseiller au parlement de Dole, fils de Jean Boyvin, procureur postulant au bailliage de Dole, et de Véronique Fabry. Nommé président du parlement en 1639, il gouverna cette compagnie jusqu'à sa mort (13 septembre 1650).

pas consulté les délibérations du magistrat de Dole et, malgré les emprunts qu'il a faits à la *Gazette de France*, son livre est loin d'être sans erreurs. M. le marquis de Scey détient au château de Buthiers des documents de premier ordre : ce sont les minutes des lettres écrites par Brun (1) au nom des assiégés ; « elles ne se peuvent lire qu'on n'admire leur magnanimité et grandeur de courage, qu'on ne loue et prise leur prudence et prévoyance, et qu'on n'y remarque une grande espérance et singulière confiance qu'ilz avoient en la miséricorde divine (2). » Enfin chaque jour amène la découverte de pièces nouvelles (3), et, tout bons Français qu'ils sont depuis deux siècles, les Franc-Comtois ne se lassent pas d'entendre rappeler comment « un petit morceau de terre s'est maintenu trois mois entiers contre les armes de la France (4). »

Une obligeante communication me permet aujourd'hui de grossir le nombre des documents relatifs au plus glorieux épisode de la guerre de Dix ans, en publiant quelques pages d'un manuscrit échappé par bonheur à la destruction récente de vieux papiers (5). Ce n'est pas à proprement parler une relation du siège de Dole, car ces pages n'embrassent que les quatre premières semaines de l'investissement ; mais une partie des détails qu'elles donnent sont inédits et

---

(1) Antoine Brun, procureur général au parlement de Dole, fils de Claude Brun, conseiller au même parlement, et de Marie Dard. Il avait, pendant le siège, « pris à sa charge le soin des rescriptions, chiffremens et deschiffremens, instructions, adresses et reconnoissances des messagers. » Boyvin, *Le siège de la ville de Dole*, p. 158.

(2) Petrey-Champvans, *Lettre à Jean-Baptiste Petrey*, sieur de Chemin, p. 21.

(3) Cf. Rapport adressé au cardinal infant, gouverneur général des Pays-Bas et du comté de Bourgogne, par Gérard de Watteville, marquis de Conflans, et Jean Girardot de Nozeroy, sur les opérations de l'armée de secours levée et organisée durant le siège de Dole par le prince de Condé (août 1636). — J. Gauthier, *Documents pour servir à l'histoire de Franche-Comté*, dans l'*Annuaire du Doubs* de 1895, p. 55.

(4) Girardot de Nozeroy, *La Franche-Comté protégée de la main de Dieu*, p. 35.

(5) Ce manuscrit m'a été communiqué par M. Ernest Bulliard, propriétaire à Maison-Blanche, que je prie ici d'agréer mes sincères remerciements : avant de tomber entre ses mains, il faisait partie de volumineux papiers, qui, au mois d'octobre 1897, furent remis à une femme du peuple de Baume-les-Dames ; cette femme s'en servit pour allumer son feu, après en avoir jeté une partie dans le Doubs.

on doit se féliciter de ce qu'elles n'ont pas été réduites en cendres.

L'auteur du manuscrit dont il s'agit se nommait Jacques Cordelier [1] ; il habitait la petite ville de Clairvaux, où il exerçait les fonctions de notaire seigneurial [2]. Propriétaire de tanneries sur le Drouvenant, il jouissait d'une certaine fortune ; sa femme allait de pair avec les bourgeoises les plus huppées pour le luxe des bijoux ; la construction de sa maison avait coûté plus de mille francs, et, lors des baptêmes des enfants du marquis de Listenois [3], on l'y voit recevoir une partie des gentilshommes qui ne trouvent pas de place au château.

C'est en 1632 qu'il eut l'idée de consigner sur un registre les événements qui lui paraissaient dignes de mémoire, et de cette inspiration est résulté le manuscrit dont M. Bulliard m'a révélé l'existence. Livre de raison ? Non, car, bien qu'il s'ouvre par l'énumération des fils et des filles de Jacques Cordelier et de Charlotte Grivelet [4], il n'offre qu'une lointaine analogie avec les documents de famille de ce genre. Journal ? Pas davantage. C'est un recueil sans plan bien arrêté, où « plusieurs cas arrivez depuis soixante ans en çà » (fol. 16) se trouvent rapportés entre le prix du vin et du froment de 1604 à 1636 (fol. 11) et les « Quatrains des pauvres laboureurs sur le *Da pacem* et *Fiat pax* au faict des guerres » (fol. 19). La « Déclaration des infortunes et accidentz arrivez tant à Jehan Cordelier, dict Bacquinet, qu'à Jacques Cordelier son filz depuis l'an 1580, desquelles led. Jacques s'est peu souvenir » (fol. 46), y précède des épigrammes sur les femmes, à demi lacérées (fol. 63). On passe d'un dialogue latin [5], *interlocutio*, entre la mort et un ivrogne (fol. 20 v°) à la

---

(1) Jacques Cordelier, fils de Jean Cordelier, dit Bacquinet, et d'Anna Roux.

(2) « L'année 1629 led. Jacques Cordelier fut passé et créé notaire au mois d'apvril par messire Joachim de Vienne, dit de Bauffremont, marquis de Listenois, bailly et collonnel d'Aval » (fol. 50).

(3) Joachim de Vienne, dit de Bauffremont, marquis de Listenois, baron de Clairvaux, seigneur d'Arc-en-Barrois, Fouvent, etc., bailli et colonel d'Aval, fils de Jean de Bauffremont, baron de Scey et de Clairvaux, bailli et colonel d'Aval, et de Béatrix de Pontailler, sa seconde femme.

(4) Charlotte Grivelet, fille d'Adrien Grivelet et d'Anthonia Chasne. Née à Clairvaux, le 26 octobre 1576, elle avait épousé Jacques Cordelier le 25 février 1595.

(5) Ce dialogue est suivi d'une ordonnance, en latin, pour le serviteur de Bacchus (fol. 21 v°).

« Déclaration que faict led. Jacques Cordelier des personnes qui ont logé en sa maison à la suitte de monsieur le marquis de Varambon (1), chevalier de l'ordre du Toison, comte de Varas et de la Roche, etc., depuis le quatorzième de may 1619, à l'entrée de dame Margueritte de Rye (2), sa fille, en la ville dud. Clereval, compaigne de monseigneur le marquis de Listenois » (fol. 22). Après « la mort de feu le Roy d'Espaigne Philippe second » (fol. 64), viennent des notes sur « ceux qui sont morts descendans de messire Jehan de Bauffremont (3), chevalier et seigneur de Clereval, bailly et collonel d'Aval, et de dame Béatrix de Pontarlier (4), sa femme » (fol. 65), des oraisons à saint Roch et à saint Sébastien, des litanies contre la peste (fol. 68 v°), etc. Dans ce fatras, car c'en est un, il y a néanmoins des pièces intéressantes et l'économiste curieux de connaître le prix des denrées en Franche-Comté dans la première moitié du xviie siècle ne consultera pas sans fruit le compte intitulé « Ce que j'ay employé pour la noriture et logement du révérend Père Mathias (5), capucin, ayant presché le caresme à Clereval en l'an 1625, et frère Paschal, son compagnon » (fol. 24).

---

(1) Christophe de Rye de la Palud, marquis de Varambon, comte de Varax et de la Roche, seigneur de Balançon, Villersexel, Saint-Hippolyte, Rougemont, Amance, etc., chevalier de la Toison d'or, fils de Philibert de Rye, seigneur de Balançon, et de Clauda de Tournon.

(2) Marguerite de Rye de la Palud, épouse de Joachim de Vienne, dit de Bauffremont, marquis de Listenois, fille de Christophe de Rye de la Palud, marquis de Varambon, et d'Éléonore Chabot. DUNOD (*Mémoires pour servir à l'histoire du comté de Bourgogne*, p. 84) la dit à tort fille de Philibert de Rye.

(3) Jean de Bauffremont, baron de Scey et de Clairvaux, seigneur de Durnes, Vuillafans, Châteauvilain, Foncine, Ruffey, etc., commandeur de l'ordre d'Alcantara, gentilhomme de la bouche de S. M. Catholique, bailli et colonel d'Aval, fils de Claude de Bauffremont, baron de Scey et de Clairvaux, et d'Anne de Vienne.

(4) Béatrix de Pontailler, épouse de Jean de Bauffremont, baron de Scey et de Clairvaux, fille de Henri de Pontailler, seigneur de Flagy, Montferrand, Pusy, Pusey, Chariez, etc., gentilhomme de la chambre de l'empereur Charles-Quint, et d'Antoinette de Vergy.

(5) Il s'agit sans doute du P. Mathias Druhot, de Dole, qui mourut de la peste à Dole, le 15 mai 1637 : « Il s'est rendu insigne par sa science et par ses prédications d'Avent et de Caresme, et plus encore par la mortification et la sainteté dont il étoit doué. » Annales manuscrites des capucins du comté de Bourgogne, p. 482. — Arch. de Sainte-Claire de Poligny.

C'est parmi les documents historiques transcrits par le digne bourgeois de Clairvaux que j'ai eu la surprise de rencontrer une relation inédite du début du siège de Dole. Cette relation n'est pas de Jacques Cordelier : son âge [1] et ses infirmités [2] ne permettaient pas à celui-ci de porter les armes ; nous avons du reste, dans son récit détaillé de la peste qui décima Clairvaux en 1636 [3], la preuve qu'il se trouvait dans cette ville durant l'investissement de Dole (fol. 52). Mais un de ses enfants [4] figurait dans la petite armée du marquis de Conflans [5] : à peine de retour d'Italie, où, après avoir visité le sanctuaire vénéré de Lorette, il avait été jusqu'à Naples, il s'était enrôlé sous la cornette du sieur de Saint-Germain [6], et peut-être est-ce à lui qu'est due l'énumération des incendies allumés par les Français aux environs de Dole (fol. 41 v°). Ce qui est hors de doute, c'est que ce fut par l'intermédiaire d'un de ses fils que Jacques Cordelier reçut les pages qu'il a recopiées dans son registre. Qui les avait écrites ? Je ne suis pas à même de le dire. Plusieurs allusions à un plan qui accompagnait ce récit m'avaient fait supposer tout d'abord que l'auteur de *VRBIS DOLAE ET EIVS OBSIDIONIS ACCVRATA DELINEATIO* pouvait y avoir mis la main. Cette supposition reposait sur une erreur : Jacques Cordelier et Nicolas

(1) Jacques Cordelier était né à Clairvaux le 13 décembre 1570.
(2) En 1590, il avait reçu sur la main un coup d'épée dont il était demeuré estropié. En outre, depuis 1606, il avait à la jambe gauche une plaie qui lui faisait éprouver de « grandissimes doleurs » (fol. 7 v°).
(3) Les ravages que la peste causa furent affreux : Clairvaux, qui ne comptait à cette époque que cent trente-cinq feux, perdit, du 20 juillet au 17 novembre 1636, trois cent cinquante habitants.
(4) De son mariage avec Charlotte Grivelet, Jacques Cordelier avait eu dix enfants, six fils et quatre filles. En 1636, il ne lui restait que trois fils et une fille.
(5) Guérard de Joux, dit de Watteville, marquis de Conflans, maréchal de camp des troupes de S. M. Catholique au comté de Bourgogne, fils de Nicolas III de Watteville, marquis de Versoix, et d'Anne de Joux.
(6) « Le seizième jour de mars, Pierre et Jean Cordelier, enfans dud. Jacques Cordelier, sortirent dud. Clerevaul en l'année 1635 pour faire le voyage de Rome et de Nostre Dame de Laurette, et furent à Naple et en beaucoup de villes d'Italie des principalles, et retornarent aud. Clereval, le quinzième may 1636, auquel voyage ils treuvarent beaucoup de gendarmerie françoise au duché de Milan et Piedmond. Au retour led. Pierre se mict soubs la conduicte de monsieur le capitaine de Sainct-Germain au siège de Dole.... de juin 1636, et revint le siège estant levé » (fol. 50).

Labbé [1] n'avaient pas été dans le cas de se fréquenter avant l'invasion de la Franche Comté ; le peintre franc-comtois était, en effet, de Clerval-sur-le-Doubs, et non de Clairvaux, ainsi que le démontre l'attestation [2], en date du 6 mars 1636, qu'il produisit pour être admis au nombre des bourgeois de Dole [3]. Comment, d'autre part, un observateur aussi attentif [4] aurait-il commis les inexactitudes qu'il est aisé de relever dans la relation qu'on va lire ?

Au surplus, cette relation se compose de plusieurs parties bien distinctes.

La première partie est une lettre écrite vers le milieu du mois de juin. La mention « du camp de Dole » ne doit pas donner le change sur son origine : si cette lettre émanait d'un Franc-Comtois retenu dans les lignes ennemies, elle serait datée « du camp devant Dole. » C'est un témoin qui rapporte ce qu'il a vu, ce qu'il a entendu. Seul un assiégé pouvait donner des détails aussi précis sur la frayeur des femmes doloises, sur le vœu solennel du 1er juin, sur les effets des bombes. Ce n'est pas un homme de guerre qui écrit : les différentes sorties de la garnison seraient racontées plus longuement. Ce n'est pas non plus un magistrat : un membre du parlement ne prêterait pas à la cour, à propos de la mission confiée par les assiégeants au gardien des capucins de Dole [5], un langage que les documents officiels démentent. J'incline à croire, pour mon compte, que cette lettre est d'un religieux : le plaisir que son auteur déclare avoir éprouvé

---

[1] Nicolas Labbé, peintre, fils de Jean Labbé, marchand, et de Françoise Abriot.

[2] Arch. de Dole, liasse 85.

[3] Nicolas Labbé fut reçu habitant de Dole, le 11 mars 1636, « ayant passé l'obligation de faire dans la feste Sainct Jean Baptiste pour la chambre du conseil deux peinctures assorties, l'une représentant l'effigie du Roy et l'autre celle de Son Altesse Royale, en longueur et à l'exemple de celles qui sont en la maison du sieur Alix. » Il dut de plus fournir « un mousquet assorty pour l'arsenal de la ville. » Registre des délibérations du conseil de la ville de Dole depuis le 26 décembre 1634 jusqu'au 7 novembre 1636, fol. 253.

[4] La preuve de l'attention avec laquelle Nicolas Labbé suivait les mouvements de l'ennemi se trouve dans ce fait que, dès le 4 juillet, le magistrat autorisa les commis de l'arsenal à lui délivrer une feuille de cuivre pour graver le plan de la ville et des travaux du siège. *Éphémérides du siège de Dole*, p. 37.

[5] Le capucin en question était le P. Alphonse Viénot, de Dole, qui était demeuré en son couvent avec sept religieux. Entré en religion à l'âge de dix-huit ans, le 13 janvier 1609, il mourut à Salins le 13 avril 1641.

en voyant les Français mordre la poussière à l'assaut de la demi-lune d'Arans n'est pas pour contredire cette opinion, car, cordeliers, capucins, minimes, carmes (1), tous partageaient les sentiments de ce vaillant frère Eustache (2), qui, aux remontrances d'un religieux de Dijon, répondait fièrement : « Combattant pour un peuple innocent et oppressé, et pour conserver la religion catholique, je crois aller au martyre (3), quand je vay à la persécution (4). »

Toutes les assertions du narrateur inconnu ne doivent pas d'ailleurs être accueillies sans réserves. Il indique avec précision l'emplacement des batteries françaises (5), mais une certaine confusion règne dans ses souvenirs et assez souvent il y a désaccord entre le jour de la semaine et le quantième du mois. S'il n'exagère pas les forces ennemies, il lui arrive d'enfler leurs pertes ; il croit l'armée de secours plus considérable qu'elle n'était ; peut-être cela tient-il aux mensonges voulus des messages apportés aux assiégés par les courriers de Guérard de Watteville. Nous lui devons cependant de connaître les noms des capitaines qui abandonnèrent sans combat les postes de Pesmes et de Balançon. Il nous fait aussi savoir le jour où le P. Alphonse Viénot vint trouver les commis au gouvernement de la part du prince de Condé ; une dépêche du fonds de Chantilly (6) m'avait fait croire cette mission postérieure au 12 juin, mais le jour

---

(1) Je ne parle pas des jésuites, que nos pères soupçonnaient d'être moins animés que les autres religieux contre la France. Cf. *Mazarin et le P. François Bizot*, dans le *Bulletin* de la Société d'agriculture, sciences et arts de la Haute-Saône, année 1888, p. 213.

(2) Christophe de Choiseul, en religion frère Eustache, fils d'Antoine de Choiseul, seigneur d'Ische, et de Jeanne de Lavaux. En 1634, ce capucin lorrain avait pris part à la défense de la Mothe, dont son frère Antoine était gouverneur ; en 1636, il fit des prodiges de valeur à Dole, fut blessé de deux mousquetades le 14 juin et trouva la mort, le 13 août, dans l'explosion d'un fourneau de mine.

(3) Il est à remarquer que ce mot de martyre revient deux fois dans la relation, la première fois à propos d'un minime, la seconde fois à propos d'une servante, tombés l'un et l'autre sous le feu des Français.

(4) BOYVIN, *Le siège de la ville de Dole*, p. 262.

(5) Ces emplacements étaient d'autant plus faciles à déterminer que de la tour de l'église on découvrait tout ce qui se passait dans le camp ennemi. Cf. Le sieur de Chevigny à Condé, Dijon, 20 juin 1636. — Arch. de Condé ; *Gazette de France* du 28 juin 1636 ; BOYVIN, *op. cit.*, p. 144 ; GIRARDOT DE NOZEROY, *Histoire de dix ans de la Franche-Comté de Bourgongne*, p. 123.

(6) Sublet de Noyers à Condé, Conflans, 12 juin 1636. — Arch. de Condé.

indiqué se trouve être effectivement celui où Théophraste Renaudot (1) rapporte qu' « il y eut tresve pour deux heures (2). »

Après cela, le passage le plus intéressant est celui qui concerne l'archevêque de Besançon (3). On sait que c'était malgré le marquis de Conflans que Ferdinand de Rye s'était enfermé dans les murs de Dole (4). Quelques auteurs se sont imaginé qu'il ne prêta à la défense de cette place qu'un appui moral; ils réduisent son rôle à la présidence du conseil de guerre ; à les entendre, il semble qu'il ne sortît jamais du collège Saint-Jérôme, où il « faisoit comme cet ancien, qui pour se gausser des mauvais tireurs se placeoit droit au but (5). » Le séminaire de Cîteaux, où résidait le vieil archevêque, était, en effet, « la mire des bombes, »

<blockquote>Mais on n'abdique pas l'honneur d'être une cible (6).</blockquote>

Toutefois, cette attitude un peu effacée ne pouvait convenir à l'intrépide prélat qui, pressé d'entrer en conférence avec le prince de Condé, avait déclaré « qu'il entendroit plus volontiers les canons des François que leurs paroles (7). » La relation du manuscrit de Clairvaux le montre déployant à quatre-vingts ans passés l'activité d'un jeune homme ; chaque jour, il fait deux rondes sur les remparts ; l'épée au côté, il visite les postes, s'assurant que les sentinelles ne se relâchent pas de leur vigilance, et on voit si j'ai exagéré en disant qu'il a été,

---

(1) Sur les renseignements fournis par le créateur du premier journal français, cf. *La Franche-Comté et la Gazette de France de 1633 à 1644*, p. 7.

(2) *Gazette de France*, extraordinaire du 14 juin 1636 : *Journal du siège de Dole, contenant les approches de l'armée françoise devant cette place, les sorties des assiégez, les bateries des assiégeans, le nombre des morts et des blessez, et autres particularitez du siège*.

(3) Ferdinand de Longwy, dit de Rye, archevêque de Besançon et prince du Saint-Empire, abbé de Saint-Claude, de Cherlieu et d'Acey, prieur de Saint-Marcel, d'Arbois, de Gigny et de Morteau, maître des requêtes au parlement de Dole, fils de Gérard de Rye, seigneur de Balançon, et de Louise de Longwy. Il gouvernait la province, conjointement avec le parlement de Dole, depuis la mort du dernier des Vergy (27 novembre 1630).

(4) Boyvin, *Le siège de la ville de Dole*, p. 64 ; Girardot de Nozeroy, *La Franche-Comté protégée de la main de Dieu*, p. 7; Id., *Histoire de dix ans de la Franche-Comté de Bourgongne*, p. 86.

(5) Boyvin, *op. cit.*, p. 151.

(6) E. Rostand, *Cyrano de Bergerac*, acte IV, scène IV.

(7) Girardot de Nozeroy, *Histoire de dix ans de la Franche-Comté de Bourgongne*, p. 91.

avec Louis de la Verne [1] et Jean-Baptiste de Saint-Mauris [2], l'âme de la résistance [3]. Quelle émulation ne devait pas inspirer aux défenseurs de Dole la vue de ce vieillard s'arrachant de son lit pour aller à une heure avancée de la nuit de bastion en bastion ?

Quant à la seconde partie, il n'est pas douteux qu'elle fut écrite dans un couvent de Salins [4]. Ce couvent doit être celui des carmes, attendu qu'une maison du même ordre existait à Clairvaux ; Jacques Cordelier entretenait de bons rapports avec les religieux [5] ; sa femme et lui comptaient des parents parmi eux [6], et rien n'est plus vraisemblable que d'attribuer à un de ceux-ci le message confié à son fils. Écrite avant l'incendie de Quingey par les Français [7], cette seconde partie a trait à la formation de l'armée de secours ; moins longue que la première, elle est aussi moins intéressante, bien qu'elle donne quelques détails sur les prières publiques de Salins, sur le siège du château de Montfort et sur l'embuscade dans laquelle un détachement du régiment de la Verne se laissa attirer par Gassion [8] entre Pagnoz et Vaugrenans.

En troisième lieu vient la liste des villages brûlés par l'armée française autour de Dole : j'ai dit plus haut qu'elle pouvait être d'un fils de Jacques Cordelier. Deux pages sont ensuite consacrées à la levée du siège, à la prise de Chaussin, de Bellevesvre, de Dortan, de Cuiseaux, d'Arbent, de Martignat et de Savigny-en-Revermont par

---

(1) Louis de la Verne, mestre de camp d'un régiment d'infanterie, fils de François de la Verne, seigneur de Saulnot, et d'Adrienne Thomassin.

(2) Jean-Baptiste de Saint-Mauris, docteur ès droits, fils de Pierre de Saint-Mauris, seigneur d'Augerans, et de Jeanne Malabrun. Élu vicomte mayeur de Dole, le 26 décembre 1635, il mourut de la peste le 6 octobre 1636.

(3) *Éphémérides du siège de Dole*, p. xxxvi.

(4) « En ceste maison nous faisons les quarante heures, comme vous dira vostre filz » (fol. 41).

(5) On le voit invité, en 1625, au dîner offert par les carmes de Clairvaux au capucin qui prêchait le carême (fol. 26).

(6) J'ignore quelle parenté existait entre Jacques Cordelier et le P. Anatoile Cordelier, carme. Le P. Charles Grivelet, oncle paternel de sa femme, avait été prieur du couvent de Clairvaux. Un cousin germain de Charlotte Grivelet y était mort avant d'avoir terminé son noviciat.

(7) Le 24 juin 1636.

(8) Jean de Gassion, maréchal de camp et colonel d'un régiment de cavalerie, fils de Jacques de Gassion, président au conseil souverain de Navarre et de Béarn, et de Marie d'Esclaux. Il reçut le bâton de maréchal de France en 1643.

les Franc-Comtois et à l'incendie de Moirans par les Français : d'une écriture moins posée que les précédentes, elles ont été écrites selon toute apparence par l'honnête notaire de Clairvaux.

A cela ne se bornent pas les renseignements historiques qui se trouvent dans le manuscrit en question, et j'en extrais encore deux pièces d'une réelle importance : l'une est le manifeste adressé par le marquis de Conflans et le conseiller de Beauchemin [1] aux villes du comté de Bourgogne ; l'autre, la lettre écrite par le roi de Hongrie [2] à l'archevêque de Besançon et au parlement. Je les crois inédites et elles me paraissent mériter de prendre place parmi les documents relatifs à l'histoire de la guerre de Dix ans.

Quelques lecteurs me reprocheront peut-être de revenir avec trop de complaisance sur les incidents de la lutte soutenue par nos ancêtres contre les lieutenants de Louis XIII. C'est qu'aucun spectacle n'égale, à mes yeux, celui d'un petit peuple combattant pour son indépendance. Une autre considération a d'ailleurs décidé naguère du choix de mes études : la longue paix qui a suivi les désastres de l'année terrible court risque d'amollir les âmes, et il est bon de se reporter à une époque où les caractères avaient une trempe autrement énergique, autrement vigoureuse que de nos jours. Puis, sans aller jusqu'à proclamer avec un profond penseur la guerre divine [3], il est bien permis de la regarder comme la suprême ressource des nations menacées de décadence. Nous assistons depuis quelque temps à une véritable conspiration ourdie contre les plus pures traditions de notre race : comment ne pas être tenté d'appeler de nos vœux le jour où l'éclair du sabre tiré hors du fourreau ferait pâlir la foule abjecte des adorateurs du veau d'or ? Qu'on ne me dise pas qu'il est criminel de souhaiter le retour du heurt de deux grands peuples l'un contre l'autre : tout vaut mieux, selon moi, que l'enlisement de la France dans la boue ; il y a des plaies honteuses qu'il faut savoir cautériser, des abcès purulents qu'on doit ouvrir d'une main ferme, et, comme

---

(1) Jean Girardot de Nozeroy, seigneur de Beauchemin, conseiller au parlement de Dole, fils de Louis Girardot, docteur ès droits, et de Marguerite de Nozeroy.

(2) Ferdinand d'Autriche, roi de Hongrie et de Bohême, fils de Ferdinand II, empereur et de Marie-Anne de Bavière.

(3) J. de Maistre, *Les soirées de Saint-Pétersbourg*, t. II, p. 33.

le rappelaient récemment les fils d'un des héros de la charge de Sedan, « le feu purifie, le sang lave (1). » Sans doute, le sort des armes est incertain, mais, instruits par les dures leçons du passé, nous avons le droit d'envisager l'avenir avec une confiance virile : quelques sacrifices qu'elle entraînât, quel patriote n'applaudirait à une guerre qui nous rendrait Metz et Strasbourg ?

E. LONGIN.

DU CAMP DE DOLE.

Le vingt septième de may mil six cent trente six, un trompette vint à Dole de la part du Roy de France, accompaigné de deux gentilshommes, [lesquels] eurent audience (2). Leur commission pourtoit que le Roy vouloit passer par ce pays et raffreschir son armée au moins six mois ; que l'on luy fournit de tout ce qu'est nécessaire, comme l'on avoit faict à son ennemy le duc Charles (3) ; sinon qu'il y entreroit par force.

La responce fut de le demander à nostre Roy, et que, s'ils veulent passer par force, l'on tâchera de les empescher.

Ils demandarent deux villes d'otage pour confirmation de la neutralité, sçavoir Dole et Gray (4).

(1) P. ET V. MARGUERITTE, *Le désastre*, p. 25.
(2) Aucun contemporain ne fait mention de l'envoi de deux gentilshommes : la déclaration royale du 7 mai 1636, enregistrée au parlement de Dijon le 26 mai, fut remise à l'archevêque de Besançon et au parlement de Dole par un exempt des gardes ; elle était accompagnée d'une lettre du prince de Condé datée du camp d'Auxonne. Cf. « Instructions au sieur de Marais, allant vers messieurs du parlement de Dole de la part de monseigneur le Prince. » AUBERY, *Mémoires pour l'histoire du cardinal duc de Richelieu*, t. II, p. 8.
(3) Charles IV, duc de Lorraine et de Bar, fils de François de Lorraine, comte de Vaudémont, et de Christine de Salm.
(4) C'est une erreur : la commission du sieur de Marais ne portait rien de semblable. Cf. *Gazette de France*, extraordinaire du 5 juin 1636 : *Déclaration du Roy sur les attentats et entreprises contre son Estat par aucuns du comté de Bourgoigne, avec les asseurances de conservation et protection aux*

Il fut respondu qu'estant en bonne paix avec le Roy de France il ne failloit point de ville d'otage et que, s'il en vouloit, qu'il allast les demander au Roy ; que pour eux ils n'en avoient point à donner.

Le mesme jour ils entrèrent hostilement au pays, prindrent le chasteau de Chevigney, qui se rendit de peur (1). Ils envoyarent hors les hommes. Pour les filles et femmes, ils les se réservarent et ont violé de pauvres filles de sept à huict ans, et en ont pensé violer de moindres ans, dont il y en a qui en sont mortes (2).

Led. jour Pesme voyant l'armée se rendit sans coup férir. Il y avoit dedans monsieur de Verges (3) et sa compagnie.

Le vingt huictième ils sommarent Balançon, qui se rendit. Le gouverneur qui y estoit est monsieur Guilloz, aultrement monsieur de Montmirey (4).

A Chevigney, Pesme et Balançon, il y avoit tant de grains et de bled que l'on ne le sçauroit croire.

Led. jour 28, monsieur le prince de Condé, qui avoit couché au chasteau de Moissey, manda l'armée de Gassion pour investir Dole. Ce Gassion est général de la cavalerie et mène avec luy deux centz chevaulx et deux centz dragons à cheval.

Led. jour 28 may, Dole fut investy de tous costelz. Ceulx de Dole qui voulsirent faire un retranchement depuis le Dieu de Pitié jusques

---

communautez et particuliers qui entretiendront la neutralité; Déclaration des commis au gouvernement de la Franche-Comté de Bourgongne, p. 13 ; PETREY-CHAMPVANS, *Lettre à Jean-Baptiste Petrey, sieur de Chemin*, p. 17; BOYVIN, *Le siège de la ville de Dole*, p. 73 ; AUBERY, *op. cit.*, t. II, p. 1; GIRARDOT DE NOZEROY, *La Franche-Comté protégée de la main de Dieu*, p. 9; ID., *Histoire de dix ans de la Franche-Comté de Bourgongne*, p. 89.

(1) Le château de Chevigny ne se rendit pas le 27 mai, mais le 31. Cf. *Gazette de France* du 7 juin 1636; BOYVIN, *op. cit.*, p. 85; BERNARD, *Histoire du roy Louis XIII*, t. II, p. 352; A. MARQUISET, *Statistique historique de l'arrondissement de Dole*, t. II, p. 239.

(2) Il est permis de révoquer en doute ces actes de cruauté : aucune autre chronique franc-comtoise ne les confirme, et il est invraisemblable que l'entrée en campagne de l'armée française ait été signalée par de tels excès.

(3) Nicolas de Montrichard, seigneur de Verges, fils de Gérard de Montrichard et de Louise Vauchard, sa seconde femme. Il racheta, l'année suivante, la précipitation avec laquelle il avait rendu Pesmes en défendant courageusement le château de Saint-Laurent-la-Roche contre le vicomte d'Arpajon.

(4) Claude Guillot, seigneur à Montmirey, figura aux États généraux de 1662 et de 1666. Serait-ce le commandant du château de Balançon ?

aux Thuilleries furent empeschez par Gassion, qui donna sur eux si rudement qu'il faillut se retirer sur le pont de pierre (1).

Dole fit une sortie sur eux et y en demeura environ soixante ou quatre vingt de l'ennemy. Si Dole eust suivy sa pointe, Gassion et sa cavalerie estoit deffaict. Le cœur leur faillit et se retirarent et en se retirant ils rompirent le premier arc du pont de pierre proche l'hospital, où Dole sur le pont a mis deux pièces de canon, qui ne permectent de monstrer le nez aux ennemys qui sont à l'hospital (2) ny aux Minimes, qui sont tout ruinez, ny à la Begude (3), qui est presque toute bruslée, Dole y ayant mis le feu, et Azans, qui est en son entier, où monsieur le comte d'Enteuille (4) est logé chez mada^{lle} Fauche.

Le jeudy 29e may l'ennemy fit deux batteries, l'une plus bas que le Dieu de Pitié allant aux Capucins (5) et sur le grand chemin, l'aultre à la porte d'Arans, à la Croix d'Arans. Les basles portoient treize à quatorze libvres de fer. Ils tirèrent quelques coups, qui ne firent que blanchir et emporter quelques pointes de diamant des murailles (6).

Cela espouvanta les femmes de Dole qui se désespéroient, si bien que l'on fut contrainct de leur dire que la première qui pleureroit, l'on l'envoyeroit servir de courante au camp de l'ennemy, et par effect l'on feignit d'en y envoyer. Cela les a tellement retenues que maintenant elles font aultant d'effect que noz soldatz.

Le vendredy et samedy 30e et 31e may l'ennemy fit jouer toutes ses pièces, qui ne pouvoient pas estre, selon que l'on en peult voir,

---

(1) Cf. *Gazette de France* du 7 juin 1636; *Ibid.*, extraordinaire du 14 juin 1636; *Suite de l'Inventaire de l'histoire de France*, t. II, p. 487 ; *Mercure françois*, t. XXI, p. 133; Boyvin, *Le siège de la ville de Dole*, p. 89; Girardot de Nozeroy, *Histoire de dix ans de la Franche-Comté de Bourgongne*, p. 91 ; Richelieu, *Mémoires* (coll. Michaud), t. III, p. 62.

(2) L'hôpital en question est l'hôpital du Saint-Esprit.

(3) La Bedugue.

(4) Aucun gentilhomme de ce nom ne figure sur les contrôles de l'armée française, et, au lieu de *d'Enteuille*, il faut lire : *Nanteuil*. Le régiment de Nanteuil occupait, en effet, le village d'Azans.

(5) L'oratoire dédié au Dieu de Pitié qui se trouvait près de la porte du Pont avait été transporté, le 11 mai 1630, devant la levée des Capucins. En 1793, sa démolition souleva une véritable émeute à la Bedugue.

(6) L'historien du siège rapporte de son côté que les « furieuses canonnades des assiégeans » n'eurent « autre effect contre les murailles que de les escorcher et blanchir. » Boyvin, *op. cit.*, p. 113.

au plus de dix, dont il y en avoit qui portoient trente cinq libvres.

Le premier de juin l'on somma de nouveau la ville. Un trompette environ les unze heures demanda de parler de la part de monsieur le prince de Condé, et ayant audience de la part de monseigneur l'archevesque, messieurs de la cour et monsieur de la Verne, avec monsieur le maïeur, accompaigné de monsieur du Toc (1), il leur dict de se rendre au Roy de France, que l'on leur garderoit leurs droicts et que l'on ne feroit aulcune extorsion au pays.

L'on luy fit responce que ce n'estoit pas à eux à se donner, qu'ils estoient subjectz du Roy Très Catholicque, et que quiconque est ennemy à leur Roy, il estoit aussi à eux.

Le trompette estant retorné, l'on ne fit que tirer contre la ville, et approcharent leurs batteries, et en ont faict cinq qui sont sur le plan. L'une est plus bas que le Dieu de Pitié, l'aultre en costière en ces perrières qui tirent vers la Fenotte. Il y a trois pièces qui portent cinquante libvres de basle. La troisième est à la porte d'Arans, proche une pierre qui s'appelle la pierre Sainct Anthoine, qui est une forme d'autel érigée sur le grand chemin. La quatrième est un peu plus bas dedans les vignes à l'endroict de la Croix d'Arans, allant à Sainct Hélie (3). Ceste batterie est très bonne et bat le boulevard d'Arans. Et la cinquième est à la porte de Besançon, plus bas que la Belle Croix et tout proche une Nostre Dame de pierre.

Led. jour messieurs de Dole, qui avoient mis dois le commencement le Sainct Sacrement de miracle sur l'autel, portarent la procession à l'entour de l'église et reposarent le Sainct Sacrement sur un autel faict devant la Croix qui est sur la place (4) devant la maison monsieur Petrey.

---

(1) Chrétien du Thauc fut autorisé, quelques jours plus tard, à lever une compagnie de deux cents hommes, qui rendit de grands services pendant le siège. V. Délibération du 8 juin 1636. — Arch. de Dole.
Capitaine dans le régiment de Watteville, ci-devant Raincourt, le sieur du Thauc mourut à Ivrée, le 30 mars 1641. Cf. *Procureur*. Arch. du Doubs, B 110, fol. 31.

(2) Ce ne fut pas le 1er juin, mais le 29 mai, que le prince de Condé invita l'archevêque et le parlement à venir conférer avec lui à Saint-Ylie. Cette proposition fut rejetée. Cf. *Déclaration des commis au gouvernement de la Franche-Comté de Bourgongne*, p. 28.

(3) Saint-Ylie.

(4) Cette croix de pierre rappelait le souvenir des Dolois morts, le 25 mai 1479,

Et là avec un vœu solennel promirent à Dieu tous, tant monseigneur, messieurs de la cour, monsieur la Verne, messieurs de ville, de mourir plustost que de rendre la ville ny faire composition (1)

Et alors, en présence de tout le monde qui estoit en grand nombre, fut leu plusieurs articles, et entre [autres] ceux icy : que quiconque parlera de composer, de se rendre, d'avoir des sauvegardes, parlera que l'on n'est pas assez fort pour résister, seroit pendu. C'est pourquoy il y a sept à huict potences par les rues à cest effect (2).

Dois led. temps l'ennemy ne cessa de tirer pour penser faire bresche de deux costelz, l'un au boulevard d'Arans, l'aultre au boulevard du Viel Chastel et à la courtine qui prend depuis led. boulevard jusques au bas du pont, lequel l'on a rehaussé d'une demye picque.

Le vendredy septième de juin l'on somma de nouveau la ville, et fut un Père Capucin, lequel fut envoyé de la part de monsieur le prince à cest effect. Quand il voulut entrer, l'on le renvoya, quoy qu'il fust de la ville, et ayant protesté que ce n'estoit point pour parler d'aulcune composition, l'on luy permit l'entrée. Il fut conduict à monseigneur, auquel parlant il luy dict ce qu'il avoit recongneu des forces de l'ennemy et luy proposa deux articles que monsieur le prince luy avoit donné, que sont que messieurs de Dole se rendent au Roy ; que l'on ne leur fera aulcun mal ; que l'on leur conservera les franchises du pays ; que l'armée passera oultre ; et que l'on donne Gray pour otage (3). Que si l'on ne veult faire cela, il ruinera la ville, tuera les femmes et enfans, et ne laissera pierre sur pierre.

La responce fut que l'on ne se vouloit rendre en aulcune façon ; que

en défendant leurs foyers contre les soldats de Charles d'Amboise ; elle avait été « mise (quelques années après) comme sur le général tombeau des bons habitans, qui avoient faict le dernier debvoir à leur infortunée patrie. » GOLLUT, *Mémoires historiques de la République séquanoise et des princes de la Franche-Comté de Bourgongne*, p. 925.

(1) Cf. Délibération du 31 mai 1636. — Arch. de Dole ; BOYVIN, *Le siège de la ville de Dole*, p. 94. J'ai signalé dans mes *Éphémérides du siège de Dole* l'erreur de Boyvin attribuant la lecture du vœu du 1ᵉʳ juin au maïeur Jean-Baptiste de Saint-Mauris.

(2) Ces détails ne se trouvent dans aucune autre relation.

(3) Chronique manuscrite des capucins de Dole (Bibl. de Dole), fol. 48; *Déclaration des commis au gouvernement de la Franche-Comté de Bourgongne*, p. 56; BOYVIN, *Le siège de la ville de Dole*, p. 177; BÉGUILLET, *Histoire des guerres des deux Bourgognes sous les règnes de Louis XIII et de Louis XIV*, t. I, p. 129; J. MOREY, *Les capucins en Franche-Comté*, p. 89.

l'on estoit à un si bon Roy, qui leur avoit tousjours gardé et maintenu les franchises, qu'ils n'en sçauroient treuver un semblable, nonobstant les promesses que leur faict [monsieur le prince], et que leur querelle est si juste pour se deffendre, que croyent que Dieu les assistera. C'est pourquoy ils ont pourté le Sainct Sacrement de miracle sur l'autel, exposé à la veue d'un chascun du peuple, qui prie Dieu de les délivrer de ceux qui n'ont ny foy ny conscience et qui meschamment les ont trompé par des paroles doulces ; qui regarde les lettres du Roy Louys signées de sa main, qui promect de garder la neutralité et de n'entrer en ce pays hostilement que ne luy a faict aulcune chose ; que au contraire l'on avoit subject de grande plaincte contre eux et que l'on a supporté tant de voleries qu'ils ont faict aud. pays. Que si Dieu les veult chastier pour leurs péchez, qu'ils luy offrent toutes les afflictions et leur vie et qu'ils se deffendront jusques à la mort ; et que, quant à leurs maisons, jà leur lict est bien retiré en leurs caves. Pour les femmes et enfans, ce leur sera du contentement, et seront plus libres pour se deffendre, voyant qu'ils ne laisseront ny femmes ny orphelins après eux. Et que si Dieu leur veult donner la ville à cause de leurs péchez, qu'ils la feront saulter avec eux, à ce que les François ne puissent pas dire avoir eu en leur puissance un enfant de Dole Bourguignon (1).

Ceste responce estant rapportée, le prince dict : « Véritablement leur querelle est assez juste pour la deffendre, mais la responce est bien haultaine, » et se frappa la poictrine.

Le sixième juin une basle de canon entra à l'église où il y avoit plus de huict mille personnes (2) et si pleine que l'on ne sçavoit se torner. La basle s'arresta en bas et tumba en un lieu où il n'y avoit personne et se vint arrester aux piedz de monseigneur l'archevesque qui vouloit dire la messe, comme luy faisant hommaige (3). La basle pesoit cinquante libvres.

---

(1) Ce langage rend fidèlement les sentiments des Dolois, mais la réponse de l'archevêque de Besançon et du parlement aux propositions transmises par le gardien des capucins ne renferme rien de semblable.

(2) L'exagération est tellement forte, qu'elle doit provenir d'une faute du copiste. L'historien du siège parle seulement de « plus de trois cens personnes. » BOYVIN, *Le siège de la ville de Dole*, p. 121.

(3) Boyvin ne mentionne pas la présence de Ferdinand de Rye à l'église lors de la chute de ce boulet.

Le mercredy cinquième juin (1) monsr d'Enteuille pensant gaigner l'isle qui est entre les deux pontz de pierre, la deffense fut si grande d'une part et d'aultre qu'elle dura six heures ; monsr d'Enteuille fut blessé et plus de six vingt des siens y demeurarent (2). De noz gens il y demeura un bon Père Minime qui s'appelloit frère Jehan François (3), lequel en tua bien à sa part six, et comme il vouloit encoire y retorner, une basle luy perça le cœur et le rendit martyr. Un Capucin y fut blessé et quelques trois ou quatre simples hommes.

Le sambedy huictième juin (4) il se fit une aultre batterie contre la demye lune d'Arans (5), où le carnage fut si grand qu'ils demandarent tresve de deux heures pour retirer leurs morts (6). La tresve que l'on leur donna fut que l'on les chassa de leurs tranchées qui venoient au bas du boulevard du Viel Chastel. Les François asseurent n'en estre mort que quatre centz.

Le neufvième et dixième juin ils ne firent que tirer contre ceste demye lune et contre lesd. deux boulevards, où ils ont un peu blanchi les pierres et enlevé un peu des pointes de diamant.

Le mardy unzième juin (7) l'on fit une sortie par la porte d'Arans, où l'ennemy faisoit son possible de prendre une demye lune et où il estoit desjà monté, mais les habitants survenant avec trop de cou-

---

(1) Le 5 juin n'était pas un mercredi, mais un jeudi. V. *Éphémérides du siège de Dole*, p. 8.

(2) Ce ne fut pas le 5 juin, mais le 8, que le régiment de Nanteuil prit les armes pour repousser le brave sergent Mol, chargé par la Verne de détruire les travaux que l'ennemi avait commencés dans la petite île située au milieu du Doubs. Cf. *Gazette de France* du 21 juin 1636 ; *Mercure françois*, t. XXI, p. 134 ; *Suite de l'Inventaire de l'histoire de France*, t. II, p. 488 ; Boyvin, *op. cit.*, p. 125 ; l'abbé DE PURE, *Vie du mareschal de Gassion*, t. II, p. 60.

(3) Nouvelle erreur : le frère Jean-François avait péri dans une sortie effectuée le 1er juin par la porte de Besançon. *Gazette de France*, extraordinaire du 14 juin 1636 ; Boyvin, *op. cit.*, p. 110.

(4) Le 8 juin n'était pas un samedi, mais un dimanche. V. *Éphémérides du siège de Dole*, p. 9.

(5) *Gazette de France* du 21 juin 1636. Boyvin a omis de mentionner cette sortie.

(6) Ce ne fut pas après la sortie du 8 juin, mais après l'assaut donné le 14 à la contrescarpe d'Arans que les Français demandèrent une trêve pour ensevelir leurs morts.

(7) Le 11 juin n'était pas un mardi, mais un mercredi. V. *Éphémérides du siège de Dole*, p. 12.

rage, ils les en chassarent. Le meurtre a esté grand de leur part [1].

Le mercredy ils continuarent à battre ceste demye lune. Ce fut en vain, car ils se deffendirent mieux que jamais [2].

Le jeudy ils continuarent à vouloir prendre lad. demye lune [3]. Ce fut en vain. J'eus le plaisir d'en veoir par terre et d'entendre dire par les seigneurs que les femmes de Dole estoient aussi courageuses que les hommes et que l'on leur voyoit pourter le pain, le vin, les viandes et confitures sur les murailles et aux tranchées aux soldatz et les encourager à deffendre leur honneur. Environ les deux heures dud. jour le canon frappa un seau de vin qu'une servante pourtoit après sa maistresse pour les soldatz, et la maistresse pourtoit des pierres, comme aussi toutes les aultres damoiselles. Lad. servante fut tuée; elle avoit esté confessée led. jour ; elle fut martyre [4].

Le vendredy treizième juin l'on continua à tirer et à assiéger lad. demye lune, qui fut toute réduicte à plain, sauf le fossé, qui demeura à son entier, car le contre escarpe fut applany par le canon, si que noz gens n'y pouvoient jà demeurer sans estre emporté du canon.

Le soir dud. jour la demye lune fut mieux qu'elle n'avoit jamais esté, car les filles, servantes, soldatz et tous les bourgeois mirent tant de fascines et de terre qu'ils furent couvertz, et oultre cela firent une espaule que verrez au plan, que va contre la rivière, et depuis ont faict une demye espaule que touche presque le boulevard du Viel Chastel, qui les couvre contre le canon qui est aux Perrières et au Dieu de Pitié.

Le sambedy noz gens firent une sortie, gaignarent une demye lune

---

(1) Ce ne fut pas le 11 juin, mais le 10, que les Français assaillirent pour la première fois la demi-lune d'Arans. Cf. Condé à Bouchu, du camp devant Dole, 12 juin 1636. — Arch. de Condé; *Gazette de France* du 21 juin 1636; BOYVIN, *Le siège de la ville de Dole*, p. 130; BERNARD, *Histoire du roy Louis XIII*, t. II, p. 353; RICHELIEU, *Mémoires*, t. III, p. 62.

(2) Aucun assaut ne fut donné à la demi-lune d'Arans le mercredi 11 juin.

(3) L'assaut que rapporte ici l'auteur de notre relation fut livré le samedi 14 juin. Cf. *Gazette de France* des 21 et 28 juin 1636; *Mercure françois*, t. XXI, p. 135; *Suite de l'Inventaire de l'histoire de France*, t. II, p. 352; BOYVIN, *op. cit.*, p. 133; BERNARD, *op. cit.*, t. II, p. 352; AUBERY, *Mémoires pour l'histoire du cardinal duc de Richelieu*, t. I, p. 652; MONTGLAT, *Mémoires*, t. I, p. 131.

(4) BOYVIN, *Le siège de la ville de Dole*, p. 137.

qu'ils avoient faict comme la nostre, et y eut tué un grand nombre de gens (1). Le régiment d'Enguyan y demeura sans réserve que de deux personnes (2).

Le dimanche quinzième dud. mois messieurs de Salins descendirent la chasse de sainct Anathoile et pourtarent la procession pour les nécessiteux.

Led. jour Dole fut battu sans cesse jour et nuict et sans aulcun relasche (3).

Le lundy seizième noz gens firent une sortie (4). Je vous asseure que l'on ne voioit que feu et flammes tant dedans la ville que dehors, qu'en noz tranchées que contre les tranchées des ennemis. Monsieur d'Enteuille receut un coup de grenade qui luy enfonça son casque et le blessa (5). S'il l'eust tué, la belle prinse ! Monsieur le lieutenant général, nommé monsieur le comte de Beaumont, fut emporté d'un coup de canon le mercredy douzième de juin (6), que fut une perte aux François grande (7). Monsieur le prince, monsieur de la Milleray, grand maistre de l'artillerie et nepveur de monsieur le cardinal

---

(1) La sortie dont il est ici question n'est autre que l'assaut donné le 14 juin à la contrescarpe d'Arans.

(2) Ce n'est pas le régiment d'Enghien, mais le régiment de Picardie qui fut le plus maltraité dans l'action du 14 juin : il eut deux capitaines et trente soldats tués, cinq capitaines, douze lieutenants ou enseignes et quatre-vingts soldats blessés ; son lieutenant-colonel et son sergent-major succombèrent quelques jours plus tard à leurs blessures.

(3) Erreur : une trêve de trois heures eut lieu le 15 juin pour relever les morts restés sur le terrain.

(4) Ce n'est pas le 16 juin, mais le 17, que les assiégés effectuèrent une sortie par la porte de Besançon. Cf. *Éphémérides du siège de Dole*, p. 19; *Gazette de France* du 28 juin 1636; *Déclaration des commis au gouvernement de la Franche-Comté de Bourgongne*, p. 49.

(5) La *Gazette de France* ne parle pas de cette blessure du sieur de Nanteuil.

(6) Le 12 juin n'était pas un mercredi, mais un jeudi. V. *Éphémérides du siège de Dole*, p. 13.

(7) Charles de Péréfixe, seigneur de Beaumont, n'était pas lieutenant général des armées du roi, mais, ce qui est bien différent, lieutenant-colonel du régiment de cavalerie hongroise de la Meilleraie et lieutenant au gouvernement de Nantes Il ne fut pas tué le 12 juin, mais le 10. Sur les circonstances de sa mort, cf. *Gazette de France* du 21 juin 1636 ; *Suite de l'Inventaire de l'histoire de France*, t. II, p. 488 ; BOYVIN, *Le siège de la ville de Dole*, p. 131 ; BERNARD, *Histoire du roy Louis XIII*, t. II, p. 352 ; RICHELIEU, *Mémoires*, t, III, p. 63.

de Richelieu (¹), se tirarent les cheveux, disant que Dole ne vailloit pas cest homme.

Le mardy, mercredy et jeudy l'on a tiré sans cesse et ne dict-on point qu'ils ayent faict aulcune bresche.

Monsieur le prince dict que le Roy estoit très mal servy, car l'on luy avoit faict entendre qu'il ne failloit que huict jours pour prendre la Franche-Comté et qu'il [y] avoit desjà trois sepmaines qu'ils estoient devant Dole sans avoir rien faict que perdre beaucoup de gens et y en estoit jà mort deux mille.

Noz canonniers ont bien tué douze de leurs canonniers ; ils ont démonté beaucoup de leurs canons.

L'ennemy a vingt huict pièces de canon maintenant au lieu où je vous ay jà dict : les deux grosses batteries sont aux Perrières et à Croix d'Arans.

De noz gens jeudy passé dix neufvième à sept heures du soir il n'estoit mort que soixante personnes et cent de blessez.

La peste est dedans Dole : elle ne faict pas grand ravage (²). Il y a du bled pour plus de deux ans.

L'on a eu plusieurs prisonniers et entre aultres vingt cavaliers, lesquels mardy passé vouloient emmener noz vaches qui paissoient du costel de Mont Roland. Comme le canonnier les vit venir et qu'ils les serroient pour les emmener, [il] tira un coup de canon qui en démonta beaucoup, d'aultres qu'il emporta et d'aultres qui furent prins prisonniers, lesquels l'on vient répéter. L'on leur fit responce que si l'on prenoit de noz gens, que l'on les changeroit selon la qualité des personnes.

Monseigneur faict ordinairement deux visites sur les tranchées et sur les murailles, l'une le jour pour encourager noz gens ; il porte une espée à ses flancs, et l'aultre, il la faict la nuict, quelquesfois à unze heures, aultresfois à une heure. Ce digne prélat faict ce que pourroit

---

(1) Charles de la Porte, seigneur de la Meilleraie, grand maître de l'artillerie de France, gouverneur de Nantes et de Port-Louis, fils de Charles de la Porte, seigneur de la Lunardière et de la Meilleraie, et de Claude de Champlais. Suzanne de la Porte, mère du cardinal de Richelieu, était sœur consanguine de son père.

(2) Il n'en fut pas de même plus tard, « et signamment dez les premiers jours d'aoust, qu'il y mouroit 50 ou 60 personnes par jour. » B. Prost, *Documents inédits relatifs à l'histoire de la Franche-Comté*, t. IV, p. 57.

faire un jeune homme; tout le monde le veult suivre, quand il marche (1).

Nostre armée marche et est à Quingey et aux environs. Nous avons dix mille hommes de pied et douze centz chevaulx et est arrivé quatre centz dragons (2).

Ceux de Bermont arrivarent jeudy passé et estoient en nombre de deux mil hommes, sçavoir six centz chevaulx et quinze centz hommes de pied (3).

Sambedy arrivarent trois mil hommes allemans, qui sont logez aux trois villages de Montfort (4).

Monsieur Gallasse (5) n'est pas à cinq journées de nous. Il y a vingt cinq mille piétons et dix mille chevaulx et soixante pièces de canon. Monsieur le baron de Soye (6) a l'avant-garde, qui est composée de trois mille chevaulx. Deux mille chevaulx nous venoient assister; l'on ne sçait où ils ont passé; l'on a croyance qu'ils sont entrez en France, où ils font des feux de tristesse pour les paysans.

Nostre armée a jà sept pièces de canon, sans quatre que l'on conduict depuis Poligny en l'armée.

L'on envoya monsieur de Clinchant (7) et monsieur de Mandre le jeune (8) avec cinq centz chevaulx et mille hommes de pied au devant d'un convoy qui debvoit sortir de Langres et venir au camp de Dole. Led. convoy n'estoit conduict que de quatre centz hommes. Estant sorty de Langres et en estant desjà esloigné d'une lieue, s'approchant de noz gens qui leur alloient au devant, un traictre lorrain

---

(1) Ici finit vraisemblablement la lettre adressée au religieux de Salins.
(2) Le marquis de Conflans était loin d'avoir à sa disposition des forces aussi considérables.
(3) Ces quinze cents fantassins étaient ceux que le sieur de Raincourt avait levés dans la franche montagne.
(4) Les deux régiments allemands de Beck et de Grana « n'estoient que deux mille en tout. » GIRARDOT DE NOZEROY, *Histoire de dix ans de la Franche-Comté de Bourgongne*, p. 118.
(5) Mathias Gallas, ou Gallasso, feld-maréchal des armées impériales, fils de Pancrazio Gallasso et d'Annunziata Mercanti.
(6) Achille Precipiano, baron de Soye, fils d'Ambroise Precipiano, baron de Soye, et de Guillemette de Mandre.
(7) Charles de Mailly, baron de Clinchamp, fils d'Africain de Mailly, baron de Clinchamp, et d'Anne d'Anglure.
(8) Hermann-François de Mandre, dit *le jeune*, commissaire général de la cavalerie, fils d'Antoine de Mandre et de Claude-Françoise de Laubespin.

en advertit ceux de Langres, que firent retorner led. convoy (1) Ce que voyant noz gens allèrent à quatre lieues de Dijon, ont prins le chasteau de Beaumont, emmenarent tout le grain qui y estoit à Gray, tuarent plusieurs qui estoient à la garde du chasteau (2). Ils ont emmené madame de Beaumont et ses enfans et quelques aultres personnes à Gray (3). Dois là sont allé contre Tallemay (4), qu'ils ont bruslé : l'on ne sçait si le chasteau est prins.

L'on a faict une deffense en l'armée de France que aulcuns François n'ayent à brusler aulcune maison ny village, mais ce sont les Allemans Suédois qui bruslent. L'on a aussi faict deffense aux Bourguignons de brusler en France, mais c'est monsieur de Clinchant qui brusle et qui est François banny (5).

L'armée françoise est bien de cinquante mille personnes, mais de soldatz effectifz il n'y a que quinze mille tant chevaulx que piétons (6).

Ils n'ont pas encoire prins le chasteau d'Ougney, où monsieur de Vallefin (7) commande, et qui n'est pas si fort que Balançon, où monsieur de Montmirey commandoit.

(1) PETREY-CHAMPVANS, *Lettre à Jean-Baptiste Petrey, sieur de Chemin*, p. 33.

(2) Cf. Le sieur de Mandre à l'archevêque de Besançon et à la cour, Besançon, 20 juin 1636. — Arch. de Buthiers ; *Gazette de France* du 28 juin 1636; *Mercure françois*, t. XXI, p. 138 ; BOYVIN, *Le siège de la ville de Dole*, p. 161; PETREY-CHAMPVANS, *op. cit.*, p. 33 ; GIRARDOT DE NOZEROY, *La Franche-Comté protégée de la main de Dieu*, p. 16 ; ID., *Histoire de dix ans de la Franche-Comté de Bourgongne*, p. 105 ; BÉGUILLET, *Histoire des guerres des deux Bourgognes sous les règnes de Louis XIII et de Louis XIV*, t. I, p. 128 ; COURTÉPÉE, *Description historique et géographique du duché de Bourgogne*, t. II, p. 163 ; J. GAUTHIER, *Documents pour servir à l'histoire de Franche-Comté*, dans l'*Annuaire du Doubs* de 1895, p. 57.

(3) La comtesse de Tavannes ne fut pas faite prisonnière ; ce furent ses deux enfants que les Franc-Comtois emmenèrent à Gray avec leur nourrice. Cf. Condé au conseiller de Champvans, du camp devant Dole, 19 juin 1636. — PETREY-CHAMPVANS, *op. cit.*, p. 34.

(4) Talmay.

(5) Richelieu accuse, en effet, le baron de Clinchamp de, « après que le roy luy eut fait grâce de plusieurs crimes, s'estre rebellé contre son service. » *Mémoires*, t. III, p. 64.

(6) C'est le chiffre que j'ai donné dans mes *Éphémérides du siège de Dole*, p. XVII.

(7) Léonel de Toulongeon, seigneur de Vallefin, fils de Guillaume de Toulongeon, seigneur de Vallefin, et de Charlotte de Poligny.

Ils n'ont pas aussi prins le chasteau de Vauldrey ny celuy de Montfort, où ils ont esté avec deux pièces de canon pourtant de basle cinq libvres et demye et six libvres (1), quoy qu'ils eussent prins Quingey, où ceux qui estoient s'enfuirent tous. Ils ont toutes rompues leurs maisons, bruslé deux devant la grande porte de l'église, infecté les puitz ; ils y ont jetté les ventres des bestes qu'ils ont tuées. Ils tuarent un homme. S'ils (2) eussent serré les portes, ils n'y fussent pas entrez, car ceux de Montfort en ont enterré 43, sans un que je rencontra tout mort et despouillé vendredy passé (3) ; ils furent attacquez depuis les dix heures du mardy jusques aux trois heures qu'ils s'en allarent, et je passa à huict heures par Quingey, où je ne rencontra personne (4). Led. jour nostre armée a logé aud. lieu et aux environs.

Le vingt deuxième messieurs de Salins pourtarent de nouveau la procession avec la chasse et avoient jeuné tout le jour devant à l'intention de messieurs de Dole. Ils ne remonteront la chasse que dimanche qui vient (5).

L'on faict des prières pour messieurs de Dole partout.

Vendredy l'on receut lettres qui portent que l'on n'hazarde rien et qu'ils attendent le secours, car ils sont assez forts pour résister un long temps.

Le Roy d'Ongrie a mandé que si Gallas n'estoit assez fort pour repousser l'ennemy et entrer en France, que luy mesme y viendroit.

Messieurs de Salins envoyarent neuf chariotz chargez de pain en nostre armée, que fut une libéralité de mess^{rs} de la paroisse de Sainct Jehan.

Le chasteau de Recolonne (6) a esté vendu par Belmont Renard (7),

---

(1) Ce fut le baron de Scey qui, le 17 juin 1636, contraignit les Français à lever le siège du château de Montfort. Cf. Boyvin, *Le siège de la ville de Dole*, p. 162 ; Girardot de Nozeroy, *La Franche-Comté protégée de la main de Dieu*, p. 16 ; Id., *Histoire de dix ans de la Franche-Comté de Bourgongne*, p. 104.

(2) *Ils* désigne évidemment les habitants de Quingey.

(3) 20 juin 1636.

(4) Ce passage prouve que le religieux salinois écrivait avant que Quingey eût été brûlé par les Français.

(5) 29 juin 1636.

(6) Recologne.

(7) Claude Renard, seigneur de Bermont, fils de Charles Renard, seigneur

qui en avoit prins la charge et après s'est retiré à Dijon ; il y avoit bonne provision de pouldre et de plomb, y ayant plus de deux queues de pouldre.

Ceux de Marnay furent sommez led. jour quatorzième de juin, qui firent une sortie conduicte par monsieur Bresson (1), où ils tuarent plus de cinquante.

Dernièrement ils sommarent le chasteau de Vaugrenans. Messieurs de Salins firent une sortie (2), où ils en tuarent environ vingt trois des nostres et dix prisonniers qui retornarent hier, moyennant six vingt frans de rançon.

[A] la sortie que fut faicte le seizième juin l'on a mandé que tout le régiment de Picardie et celuy de Navarre avoient esté deffaicts (3).

L'ennemy fit brusler Sainct Ferjeux proche Besançon et vint tirer un coup de pistolet contre la porte ; l'on luy tira deux coups de colevrine qui n'eurent point d'effect ; l'on fit sortie tant de cavalerie que infanterie, qui ne firent rien (4).

Le fort de Ckigne est rendu faulte de munitions de gueule et de guerre (5). Liège est maintenant pressé (6). L'ennemy françois a paru à Luxembourg dois devant une petite ville avec le canon ; il s'est maintenant retiré.

---

de Bermont, et d'Anne Vigoureux. Une de ses sœurs avait été une des premières compagnes de la fondatrice des ursulines du comté de Bourgogne, Anne de Xainctonge. Cf. *Une petite-fille de Simon Renard : sœur Claudine de Bermont* (Besançon, 1896, in-18).

(1) Isaac Bresson, dit *le jeune*, fils de Jean Bresson et de Nicole Bresson.

(2) Le 14 juin 1636. Cf. *Gazette de France* du 21 juin 1636; *Suite de l'Inventaire de l'histoire de France*, t. II, p. 488 ; GIRARDOT DE NOZEROY, *Histoire de dix ans de la Franche-Comté de Bourgongne*, p. 103.

(3) Ce ne fut pas le régiment de Navarre, mais celui de Navailles, qui prit part à l'attaque du 14 juin. Navarre se trouvait dans le quartier de Lambert, et non dans celui du prince de Condé.

(4) *Gazette de France*, extraordinaire du 14 juin 1636 ; BOYVIN, *Le siège de la ville de Dole*, p. 111 ; GIRARDOT DE NOZEROY, *La Franche-Comté protégée de la main de Dieu*, p. 13 ; ID., *Histoire de dix ans de la Franche-Comté de Bourgongne*, p. 102.

(5) Le fort de Skenck avait été surpris par les Espagnols le 18 juillet 1635 : les Hollandais le reprirent le 30 avril 1636, après huit mois de siège. Il était situé à la pointe de l'île de Betaw, entre le Rhin et le Wahal.

(6) La ville de Liège était assiégée par Jean de Wert. Cf. Le Père Joseph au cardinal de la Valette, Conflans, 10 juin 1636. — AUBERY, *Mémoires pour l'histoire du cardinal duc de Richelieu*, t. I, p. 627.

L'on jette quantité de feux artificiels contre Dole. De ces grenades et de ces bombes, l'une tumba dernièrement en la rue, qui tumba sur un homme et brusla la thuille bien deux pieds. Une aultre tumba cheu monsieur Grenet (1), qui perça le tect, les planchers, voire la voûte, et le bas fut plustost bruslé que le dessus. Il y avoit un enfant dans led. feu, qui n'a pas esté bruslé, ny une servante, que se treuva à cheval sur un sommier qui ne brusla pas.

Il se faict tant de miracles à Dole qu'il est impossible de les tous escripre.

Je vous diray que la lettre de lundy seizième de messieurs de Dole porte que les miracles palpables que l'on voit faire tous les jours, cela encourage les habitans à bien faire, voyant que Dieu débat pour nous.

A cause qu'il ne pleut pas une seule goutte à Dole, les François dient que Dieu est pour eux. Il sera pour ceulx qui le serviront bien.

En ceste maison nous faisons les quarante heures, comme vous dira vostre filz.

Villages qui sont estez bruslez.

Santans, Montbarrey, Belmont, douze maisons à Vauldrey. La Loye, Goux, Vellotte (2), sauf la maison de monsieur Altériet (3). Raon, sauf trois maisons et le chasteau, où madame de Lescalle, que y estoit admodiatrice, a demandé une garde que l'on luy a donnée et envoyé un François pour le garder, et ceulx de Raon viennent achepter le vin pour pourter au camp de l'ennemy. La Prosaigne (4). Sainct Hélie, où estoit logé monsieur le prince; l'on n'a pas sceu comme le feu y estoit prins (5). Rochefort, Amange, Chastenay, Vrian-

---

(1) Claude Grenet, docteur ès droits, remplissait pendant le siège les fonctions de receveur de la ville. Il fut élu du magistrat, le 22 octobre 1636, en remplacement de Jean-Baptiste de Saint-Mauris.

(2) Villette-lez-Dole.

(3) Nicolas Altériet, docteur ès droits, avait mérité par sa piété le surnom de *page du saint Sacrement*.

(4) Je ne connais pas de village de ce nom aux environs de Dole. Dans Chastenay, Trepigney, Frazans et Aucelanges on reconnaît sans peine Chatenois, Étrepigney, Fraisans et Archelange.

(5) Le feu prit à Saint-Ylie par l'imprudence de deux soldats qui avaient mis le feu à une traînée de poudre dans une chambre. Cf. *Gazette de France*

ges, Malanges, Romanges, Lavans, Orchans, Nenon, Offlans, Offlangeot, Trepigney, Rans, Frazans, Audelange, Autume, Joue, Menottey, Aucelanges, Gredisans, sans tant d'aultres que je serois trop long à dire. Je n'ay pas appris que Falletans fusse bruslé.

J'en ay veu plusieurs de bruslé, où l'on ne se recongnoit plus.

J'ay veu brusler devant mes yeulx Belmont sans aulcune pitié.

A Menottey où il y avoit tant de vin qu'ils ont tout espanché et il y avoit des caves qu'en estoient si pleines qu'il venoit jusques aux degrez. Mon Dieu ! quelle pitié !

Le camp s'est levé de devant la ville de Dole le jour d'Assumption Nostre Dame quinzième jour d'aoust et se sont retirez tant [à] Auxonne qu'aux environs, ayant quitté leurs tranchées finement ny guères délaissé personne, sauf qu'ils avoient mis à mode d'enseigne des linges blancs (1). Les Bourguignons qui faisoient la pointe de l'avant-garde soubs la conduicte du duc de Lorraine ne treuvant personne esd. tranchées toucharent sur l'arrière-garde de l'armée françoise, qu'ils taillarent tout en pièces. Toutes les trouppes se sont retirées qui çà qui là (2).

Et du depuis la peste fit tel ravage tant aud. Dole que par tout le comté de Bourgongne qu'il morut grand nombre de personnes, tant grandz que petitz.

Puis après peu devant Noël 1636 l'on fit des levées tant de Bourguignons, Allemans, que de Lorrains, environ sept à huict mille hommes, qui se sont jettez au bailliage d'Aval, où ils ont hyverné costoiant la Bresse et la nouvelle France, où c'est qu'ils ont bruslé plusieurs bourgs et villages depuis Arban jusques à Sainct Aubin (3) ;

---

du 7 juin 1636; *Ibid.*, extraordinaire du 14 juin 1636; *Suite de l'Inventaire de l'histoire de France*, t. II, p. 488; *Mercure françois*, t. XXI, p. 134; Boyvin, *Le siège de la ville de Dole*, p. 108; Aubery, *Mémoires pour l'histoire du cardinal duc de Richelieu*, t. I, p. 622; Béguillet, *Histoire des guerres des deux Bourgognes sous les règnes de Louis XIII et de Louis XIV*, t. I, p. 119.

(1) Ces linges blancs arborés sur les redoutes évacuées par les Français étaient destinés à faire croire qu'elles étaient encore garnies de troupes. A ce propos, aucun auteur a-t-il signalé que, dans le plan de Nicolas Labbé, les enseignes qui flottent sur les ouvrages des assiégeants offrent la même disposition de couleurs que les drapeaux hollandais?

(2) Cf. Girardot de Nozeroy, *La Franche-Comté protégée de la main de Dieu*, p. 34.

(3) Saint-Aubin ne fut pas brûlé par les Franc-Comtois, mais par les Fran-

mesme noz gens se sont rendus maistres dud. Arban, Dortan, Martigna sur l'Isle, Cuseau, Savigny en Bresse, Bellevevres, Chaussin et aultres, où c'est qu'ils ont faict des feux de tristesse (1).

Les trouppes Bourguignottes ont rançonné les communaultez et concussionné les habitans des villages pour ne loger ausd. villages. Les Allemans et Lorrains sont arrivez du depuis et ont tellement concussionné, ravagé, pillé et dérobé les jumentz dud. bailliage qu'il n'en a presque point demeuré depuis Grandvaux en Dessoubre et ont quasi tout tué le bestial. Bref, sauf la rançon, ils ont aultant faict que l'ennemy et ont mis le feu en plusieurs villages.

Le François brusla Moirans environ Quasimodo et fut tout bruslé sans demeurer une seule maison (2).

Les troupes se retirarent des montaignes le premier jour de may 1637 et allarent au secours de Savigny.

Copie de la lettre envoyée par le Roy d'Ongrie à monseigneur l'illustrissime Archevesque de Besançon et à messieurs du parlement commis au gouvernement du Comté de Bourgongne.

Au très révérend prince nostre bon amy messire Ferdinande, archevesque de Besançon, aux très bien aymés et bien aymés les vice président et cour de parlement à Dole.

Ferdinande troisième par la grâce de Dieu roy d'Ongrie et de Bohême, archiduc d'Austriche.

Très révérend prince, très cher amy, très illustres, nobles et chers messieurs, nous avons apprins et eu rapport que les François noz ennemys et les vostres se préparent d'entrer et attacquer hostilement nostre Franche-Comté de Bourgongne et que la ville de Dole est as-

---

çais. *Gazette de France*, extraordinaire du 9 mars 1637 : *La deffaite de quatre cens hommes des trouppes du duc Charles dans Sainct Aubin, et de deux cens autres ennemis par le régiment d'Houdencour.*

(1) Sur l'occupation de ces places, cf. *La dernière campagne du marquis de Conflans*, dans les *Mémoires* de la Société d'émulation du Doubs, année 1896, p. 247.

(2) Le 18 avril 1637. Cf. le marquis de Conflans au marquis de Saint-Martin, Crilla, 19 avril 1637. — *Corr. du parlement.* Arch. du Doubs, B 216; BRUN, *Manifeste au nom des peuples de la Franche-Comté de Bourgongne* (Bibl. de Dole), fol. 5 v°; GIRARDOT DE NOZEROY, *Histoire de dix ans de la Franche-Comté de Bourgongne*, p. 165.

siégée par eux. Surquoy, comme nous vous avons tousjours aymé tendrement, nous avons entendu lesd. nouvelles avec regret et ressentiment et incontinent avons commandé à nostre lieutenant général le comte de Galas de secourir vostre pays avec toutes ses forces et desjà quelques régimentz de cavalerie et d'infanterie ont ordre de s'addresser, nous asseurant que vous et toute vostre province monstrerez à ceste occasion vostre constante fidélité, laquelle nous avons recongneue au passé à vostre grande louange, ou tesmoignerez vostre ancienne dévotion envers nostre très louable ancienne maison d'Austriche, résistans non seulement avec toutes voz forces, mais encoires prévoyans que le secours qui vous va n'aura faulte de rien, comme le baron de Savoyeux vous fera entendre de nostre part plus amplement. En ceste attention nous demeurerons envers vous et toute la Franche-Comté

Vostre bien affectionné

FERDINANDE.

Donné à Donney (1) ce 7 du mois de juin 1636 et de nostre règne d'Ongrie [le] 11e et de Bohême le 19°.

Copie du manifeste ou lettres de mess^{rs} les marquis de Conflans et conseillier de Beauchemin escriptes aux villes (2).

Messieurs, il n'est pas besoin de respondre au manifeste de noz ennemis, puisque la vérité cogneue d'un chascun et nostre patience avec eux, que de trois ans ençà a esté [à] l'excès, les convainct assez. Il n'est pas non plus possible de donner un [nom] suffisant à l'horreur de leur action, de laquelle Dieu nostre protecteur, qui a en sa main les événementz et les victoires, fera la vengeance en peu de jours, puisque par sa singulière bonté il luy a pleu de nous mectre en [main] des forces suffisantes de nostre propre n[ation] et un secours puissant de noz voisins, qui est suivy de bien près par les armé[es] Impériales et Catholicques pour report[er] chez noz en-

---

(1) Donawert.

(2) Cette pièce n'est pas datée, mais les allusions qu'elle renferme à la longue résistance des assiégés, d'une part, la place d'armes assignée sur la Saône, de l'autre, ne permettent pas d'y voir la lettre écrite du château de Chenecey dans les derniers jours du mois de mai. Cf. GIRARDOT DE NOZEROY, *Histoire de dix ans de la Franche-Comté de Bourgongne*, p. 93.

nemis le fer et le feu qu'ils ont apporté chez nous. C'est une merveil[lle] de Dieu que dans une surprinse si sou[daine à] messieurs noz gouverneurs assiégez et enclos et le trouble industrieusement jeté par noz ennemis en tous les endroictz de ceste pro[vince] rien ne se soit esmeu en aulcun lieu, [la] noblesse aye universellement [monstré] son courage et son affection [et] soit icy arrivée en si grand nombre que jamais en aulcun temps n'a paru telle ; que toutes les villes [en] un moment ayent estées armées et mu[nies] et le feu qui les enflamme leur cour[age]. Le bas peuple mesme après avoir p[ourté] son peu de bien ès maisons fortes a aussitost prins les armes et de tous costelz n[ous] demande des chefz. Mais sur tout m[essieurs] noz gouverneurs font paroistre la grandeur de leur courage au milieu des canons et bouletz de noz ennemis, desquelz Dieu rompt les coups et destorne les effectz miraculeusement et leur faict congnoistre clairement qu'ils sont bien esloignez de leur compte. C'est raison que les maulx retornent à leur source ; et tandis que les assiégeans perdent le temps, nous allons trouver ceux qui sont les autheurs du siège avec le fer d'une main et le flambeau en l'aultre. La place d'armes est sur la Saône : donnez en advis à tous ceux qui se fortifient dans les bois, et qu'ils y accourent avec leurs armes et viennent en nostre camp seconder le bras vengeur de Dieu sur les perfides et les traictres.

[G. DE JOULX, dict DE WATEVILLE.]
[J. GIRARDOT DE NOSEROY.]

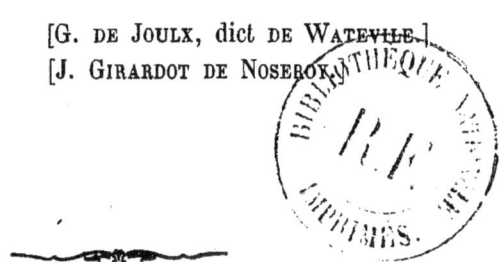

www.ingramcontent.com/pod-product-compliance
Lightning Source LLC
Chambersburg PA
CBHW060715050426
42451CB00010B/1456